Inhalt

Sucht am Arbeitsplatz

Kernthesen

Beitrag

Fallbeispiele

Weiterführende Literatur

Impressum

GENIOS WirtschaftsWissen Nr. 02/2005 vom 10.02.2005

Sucht am Arbeitsplatz

M.Reiner

Kernthesen

- Wirtschaftliche Schäden in Millionenhöhe diagnostizieren Experten aufgrund von Alkoholsucht am Arbeitsplatz. (1)
- Dennoch stellen sich die meisten Unternehmer erst dann der Problematik, wenn ein Krankheitsbild offensichtlich wird und eine Konfrontation mit dem Betroffenen unumgänglich. (5)
- Künftig muss es von daher verstärkt die Aufgabe von Führungskräften sein, sich in diesem Bereich zu schulen, um präventive Maßnahmen gegen den Missbrauch zu ergreifen und so Schäden frühzeitig vorzubeugen. (1), (5)

Beitrag

Wie Schätzungen der deutschen Hauptstelle gegen die Suchtgefahr offen legen, trinken elf Prozent der Beschäftigten in Deutschland täglich Alkohol am Arbeitsplatz. Fünf bis acht Prozent sind alkoholabhängig oder trinken Alkohol in missbräuchlicher Weise.
Durch die daraus resultierenden Fehlzeiten, Arbeitsunfälle, Vertretungen- und Neueinstellungen sowie Produktivitätsverluste und allgemeine Störungen des Betriebsklimas entstehen volkswirtschaftliche Schäden in Millionenhöhe. Dabei könnten diese durch ein frühes Eingreifen seitens der Führungskräfte und der Kollegen und mit gezielten Präventivprogrammen vermindert werden. (1), (5)

Erhöhte Suchtgefahr bei konkreten Tätigkeitsmustern

Suchtprobleme treten am häufigsten bei Tätigkeitsmustern auf, die ein Ungleichgewicht zwischen der Lebens- und Arbeitssituation aufweisen. So sind zum Beispiel Angestellte im Schichtdienst aufgrund der hohen Belastung ihres Biorhythmus und der komplizierten Vereinbarkeit von Beruf und

Sozialleben besonders gefährdet. Vertriebsmitarbeiter, die über längere Zeit von zu Hause abwesend sind, fallen ebenfalls in diese Kategorie.

Zur Risikogruppe gehören außerdem Angestellte, die keine Entscheidungsbefugnis besitzen oder einseitige Arbeiten verrichten, wie zum Beispiel Bandarbeiter. Menschen, die emotional sehr beanspruchende Tätigkeiten ausüben, wie Mediziner oder Pfleger, sind ebenfalls in erhöhtem Maße von einer Alkohol- oder Drogensucht betroffen.

Was können Führungskräfte unternehmen?

Prävention

Vorbeugung ist der beste Weg, um den Schaden durch Alkoholmissbrauch so gering wie möglich zu halten. Deshalb ist es ratsam, die Belegschaft über die Gefahren von Suchtmitteln aufzuklären. Dadurch wird einerseits offen gelegt, dass es sich um kein Tabuthema für den Betrieb handelt und fördert andererseits die Bewusstseinsbildung zur

Problematik. Regelungen bzw. Verbote zum Alkoholkonsum während der Arbeitszeit erschweren zudem einen möglichen Missbrauch. (5)

Weiterbildungsanbieter bieten spezielle Trainingsmöglichkeiten an, die Führungskräfte auf eine Konfrontation mit Suchtkranken vorbereiten. Auf diese Art ist es ihnen möglich, die Abhängigkeit frühzeitig zu erkennen und gezielte Maßnahmen zu ergreifen. (5), (7)

Besonders wünschenswert wäre eine Verbindung zwischen der Suchtprävention und den Arbeitsbedingungen. Da der Alkoholmissbrauch durch Stress und Unzufriedenheit am Arbeitsplatz begünstigt wird, können Maßnahmen wie die Beseitigung unklarer Kompetenzen oder Mitarbeitergespräche zur Prävention beitragen. (5)

Konfrontation und Kommunikation

Da Suchtkranke nur selten ihre Krankheit erkennen und eingestehen, sind es in den meisten Fällen die Mitarbeiter, die Anzeichen einer Alkoholkrankheit bei ihrem Kollegen bemerken. Angestellte, die ein gutes Verhältnis zu dem Suchtkranken pflegen, sollten diesen auf sein Problem hinweisen und Hilfestellungen, wie z.B. das Nennen von Beratungsstellen, geben. (5)

Wichtig von Seiten der Vorgesetzten ist es auch, die Belegschaft auf das Phänomen des Co-Alkoholismus aufmerksam zu machen. In diesen Fällen schiebt der Suchtkranke nach und nach die Verantwortung auf andere Personen ab. Diese nehmen den Kranken in Schutz und erledigen, wie sich oft beobachten lässt, seine Arbeit mit. Dem Betroffenen muss in so einem Fall eindeutig kommuniziert werden, dass seine Arbeiten nicht mehr übernommen werden und beim nächsten Mal der Vorgesetzte verständigt wird. (5)

Bei auffälligen Verhaltensweisen und Symptomen eines Alkoholproblems, ist ein Konfrontationsgespräch zwischen dem Vorgesetzten und dem Betroffenen unbedingt notwendig. Hierbei unterzieht sich, in Abstimmung mit der Personalabteilung, der Süchtige mehreren Gesprächen mit dem Chef. Am Schluss wird dem Angestellten entweder die Möglichkeit einer Therapie mit anschließender Wiedereinstellung in Aussicht gestellt, oder aber seine Kündigung. (5)

Offene Punkte

Alkoholmissbrauch ist nur eine von vielen Suchtkrankheiten in unserer Gesellschaft. Mit der modernen Technik entstehen neue Suchtbilder, die eine noch unbekannte Herausforderung darstellen. Für Betriebe wird es daher künftig notwendig sein, neue Abhängigkeitsmuster wie Internetsucht oder SMS-Sucht zu erkennen und Lösungswege zu erarbeiten. Gezieltes Augenmerk muss hier auf die Auszubildenden, Schulabgänger und Praktikanten gelegt werden, die als Jugendliche für moderne Suchtarten besonders empfänglich sind.

Fallbeispiele

Siemens ist eines von etwa 700 Unternehmen in München, das sich innerbetrieblich mit dem Thema "Suchtprävention" auseinander setzt. Ein firmeninterner Sozialberater schult Führungskräfte, um sie für Suchtkranke und -gefährdete zu sensibilisieren. Vorgesetzte erhalten Anleitungen zur Gesprächsführung, um das notwendige Vertrauen zum Mitarbeiter aufzubauen und so eine Unterstützung zu ermöglichen. (1)

Um dem Griff zum Alkohol und Burnout-

Erscheinungen durch psychischen Arbeitsdruck vorzubeugen, hat der TÜV SÜD zusammen mit dem Kooperationspartner Upgrade human resources AG den Balance Check entwickelt. Mit Hilfe eines 11stufigen Auswertungsbogens können Unternehmer den Ist- und Wunschzustand hinsichtlich der Arbeit ihrer Angestellten erfragen. Schwachstellen im Betrieb werden so transparent und die Ressourcen der Mitarbeiter im vollen Umfang nutzbar. Geeignet ist der Balance Check außerdem als integrierter Bestandteil für Arbeits- und Gesundheitsschutz-Managementsysteme. (4)

Experten schätzen, dass Unternehmen mit 1000 Mitarbeitern jährliche Einbußen durch Alkohol- und Drogenmissbrauch in Höhe von ca. 325.000 Euro erleiden. Bei einer Betriebsgröße von 10.000 Mitarbeitern entstehen Schäden von bis zu 900.000 Euro. Süchtige Angestellte erbringen Studien zufolge nur 75 Prozent ihrer Arbeitsleistung. Jeder fünfte Arbeitsunfall ist nachweislich eine Folge durch die Einwirkung von Alkohol. (1)

Unter den Medizinern ist der Alkohol- und Drogenmissbrauch besonders stark vertreten. Etwa sieben Prozent der Berufsgruppe sind mindestens einmal im Leben von bewusstseinseinwirkenden Substanzen abhängig. Grund für das Erscheinungsbild sind u.a. die berufliche Überlastung und der leichte Zugang zu den Medikamenten. Hinzu kommt, dass Therapiemaßnahmen vor allem wegen der Angst, die Zulassung entzogen zu bekommen oder in der Therapie den eigenen Patienten zu begegnen, nicht in Anspruch genommen werden. (8)

"Mitarbeiterkontrolle" heißt der Schwerpunkt eines neuen Seminars der Management Circle AG. Neben der Vermittlung von technischen Kontrollmöglichkeiten und rechtlichen Grenzen, geht es um Missbrauch von Alkohol am Arbeitsplatz. Die Seminare finden am 15.2. in Frankfurt, 16.3. in Düsseldorf und 19.4. in München statt. Die Teilnahmegebühr beträgt 1 095 Euro zzgl. MwSt. (3)

Vom 3. bis 5. Mai 2006 findet in Dornbirn, Österreich, die Arbeitsschutzmesse Preventa statt. Erwartet werden rund 7 000 Besucher aus den Bereichen Handwerk, Industrie und Dienstleistung. Referiert wird unter anderem über die Problematik "Jugend und Sucht". Außerdem sind Bühnen-Shows mit dem Thema "Alkohol am Arbeitsplatz" geplant. (2)

Im Februar bietet die Emmendinger "Fachstelle für Suchtprävention und Gesundheitsförderung" eine Ausbildung zum "Betrieblichen Ansprechpartner Sucht" an. Vermittelt werden u.a. Kenntnisse zur Unterstützung des Betriebs in der Prävention und Gesundheitsförderung sowie in der

Gesprächsführung mit Betroffenen. Die Ausbildungsdauer beträgt zwei Jahre und gilt als Ergänzung zu den angebotenen Betriebsberatungen, Fortbildungen und Infoveranstaltungen. Weitere Informationen können erfragt werden unter: 07641-7315. (7)

Literatur zum Thema gibt es beim Hogrefe Verlag unter dem Titel "Alkohol im Unternehmen". Das Buch der Autoren M. Rummel, L. Rainer und R. Fuchs kostet 19,95 Euro und läuft unter der ISBN 3-8017-1885-9. (5)

Weiterführende Literatur

(1) O.V., Die Scheu vor dem ersten Gespräch. Alkohol am Arbeitsplatz ist in vielen Unternehmen Realität. Suchthelfer mit IHK-Zertifikat, Stuttgarter Zeitung vom 04.12.2004, Seite 53
aus Hamburger Abendblatt, Jg. 57, 22.12.2004, Nr. 300, S. 22

(2) Preventa 2006 - Dornbirner Arbeitsschutzmesse setzt auf aktives Engagement
aus Maschinenmarkt Nr. 03 vom 17.01.2005

(3) Personal und Management
aus Lebensmittel Zeitung 02 vom 14.01.2005 Seite 051

(4) Balance Check, Kontra psychischem Arbeitsdruck

aus Arbeit und Arbeitsrecht, Heft 11/2004, S. 28-31

(5) Schrader, Sabine, Wegschauen hilft bei Alkoholproblemen nicht. Betriebsklima: Kollegen sollten Hilfsmöglichkeiten aufzeigen. Prävention ist noch nicht ausgeschöpft, Bonner General-Anzeiger, Stadtausgabe vom 15.01.2005, Seite 41
aus Arbeit und Arbeitsrecht, Heft 11/2004, S. 28-31

(6) Husmann, Nils, 25 Millionen SMS schreiben die Deutschen pro Jahr. Manche fürchten, das könnte krank machen. Simseritis: Spaß oder Sucht? Leipziger-Volkszeitung, Stadtausgabe vom 22.10.2004, Seite 2
aus Arbeit und Arbeitsrecht, Heft 11/2004, S. 28-31

(7) O.V., Alkohol am Arbeitsplatz - Ausbildung zum betrieblichen Suchtbeauftragten, Badische Zeitung vom 04.12.2004, Seite 1
aus Arbeit und Arbeitsrecht, Heft 11/2004, S. 28-31

(8) An der Flasche Sieben bis acht Prozent der Mediziner sind suchtkrank – und können dadurch zum Risiko für ihre Patienten werden
aus Frankfurter Rundschau v. 09.11.2004, S.23, Ausgabe: S Stadt

Impressum

Sucht am Arbeitsplatz

Bibliografische Information der deutschen Nationalbibliothek

Die Deutsche Nationalbibliothek verzeichnet diese Publikation in der deutschen Nationalbibliografie; detaillierte bibliografische Daten sind im Internet über http://dnb.d-nb.de abrufbar.

ISBN: 978-3-7379-0888-7

© 2015 GBI-Genios Deutsche Wirtschaftsdatenbank GmbH, Freischützstraße 96, 81927 München, www.genios.de

Alle Rechte vorbehalten. Dieses Werk ist einschließlich aller seiner Teile – z.B. Texte, Tabellen und Grafiken - urheberrechtlich geschützt. Jede Verwertung außerhalb der Grenzen des Urheberrechtsgesetzes bedarf der vorherigen Zustimmung des Verlags. Dies gilt insbesondere auch für auszugsweise Nachdrucke, fotomechanische Vervielfältigungen (Fotokopie/Mikroskopie), Übersetzungen, Auswertungen durch Datenbanken oder ähnliche Einrichtungen und die Einspeicherung und Verarbeitung in elektronischen Systemen.